さあ、ゲレンデにデビューしよう！

はじめに

スキーは、はかり知れない奥深さを持った魅力的なスポーツです。
ハイスピードで滑り降りる爽快感、深雪での浮遊感、
難斜面を克服した時の達成感や満足感、アイスバーンで感じる恐怖感でさえも、
スキーの大いなる魅力のひとつといえるでしょう。

こうしたスキーの素晴らしい魅力を味わうために、
まずは基礎となる技術を身につけなければなりません。
本書は、スキーをこれから始める人、ふたたびチャレンジしようという人、
また、友人をスキーに誘おうとしている人を対象につくられました。

それぞれのパートをじっくりと読み込んでいただいて、
DVDの映像でイメージをふくらませてください。
一度でうまくいかなくても、繰り返しトライすることが大切です。
今シーズン、みなさんが華々しくゲレンデにデビューすることを
心より願っています。

渡辺一樹

渡辺一樹が教える
いまどきのスキーテクニック

CONTENTS

COVER PHOTO=Haruhiko WAKAI
COVER DESIGN=Yoshihiro YAMAGUCHI

※「Part1 いまどきの用具選び」は誌面のみの展開となります。DVDには収録されておりません。

Part 3
斜面を滑ってみよう 27

Part 4
確実な滑りを目指そう 41

Part 5
スムーズな滑りを目指そう 53

Part 7
スピードをコントロールしよう 71

Part 8
小回りで滑る 81

Part 9
急斜面に挑戦しよう 99

本とDVDの使い方

この本では、用具選びや雪上にでてスキーに慣れるといった、初心者にとって必要な項目からスタートし、滑る技術は、Part 3以降にまとめられています。まずは確実に滑る技術、スムーズに滑る技術、ロングコースを滑る技術の3つの滑り方を解説し、その応用として小回りや急斜面でのポイントを紹介しています。

すべての滑りの基本となる部分は、Part2、Part 3で紹介しています。練習がうまくいかなかったり、迷ったときはかならずここに戻るようにしましょう。

DVDに収録されている『一樹の感覚』では、実際に滑るときの具体的な身体の使い方を紹介しています。また、『一樹のツボ』は本文には記載されていませんが、渡辺一樹が普段のレッスンを通じて感じているポイントを紹介しています。

本で滑りのポイントを理解し、DVDで滑りのイメージを高めるとともに、渡辺一樹自身が語る実際の感覚や上達の秘訣を是非ご活用ください。

DVDの扱い方

●メインメニュー

このDVDはDVDプレイヤーにディスクを入れると自動的に再生が始まります（オートスタート）。再生が始まってからリモコンのメニューボタンを押すと、メインメニューがでてきます。PLAY ALLを選択すると、最初から最後まで見ることができます。メインメニューから各ページのチャプターを選択するとチャプターメニューに飛ぶことができます。

●チャプターメニュー

チャプターメニュー画面のチャプターを選択すると、見たい項目が再生されます。メニュー画面の「NEXT」を選択すると次の画面に映り、「BACK」を選択すると前の画面に戻ります。「MAIN」を選択するとメインメニューに戻ります。

DVD VIDEO	16:9 LB	ALL NTSC	片面・一層	無許可レンタル禁止	DB-15
			複製不能	MPEG-2 / ステレオ	70分

【取り扱いについて】

●ディスクは両面とも、指紋、汚れ、キズなどがつかないように丁寧に取り扱ってください。

●ディスクが汚れたときは、柔らかい布で内周から外周に向かって、放射状に軽く拭き取ってください。レコード用クリーナーや溶剤等は使用しないでください。

●ひび割れや変形、または接着剤等で補修したディスクは危険ですから絶対に使用しないでください。

Part 1
いまどきの用具選び

- スキーの選び方
- ストックの選び方
- ブーツの選び方
- ウエアの選び方

POINT

スキーにはさまざまなジャンルがありますが、まずは基礎を身につけることが大切です。この本では、上達に不可欠なスキーの基礎技術を学ぶうえで、初中級レベルの方が扱いやすい用具の選び方を紹介しています。まずは一般的なゲレンデに対応した用具で技術を身につけ、その技術をベースとして、レース、バックカントリー、パークといった、自分がチャレンジしたいジャンルへと進んでいきましょう。そのとき、また新たな視点での用具選びが必要になるのです。

POINT

目指すスキースタイル、技術レベル、体力・体格に合わせて選ぶこと

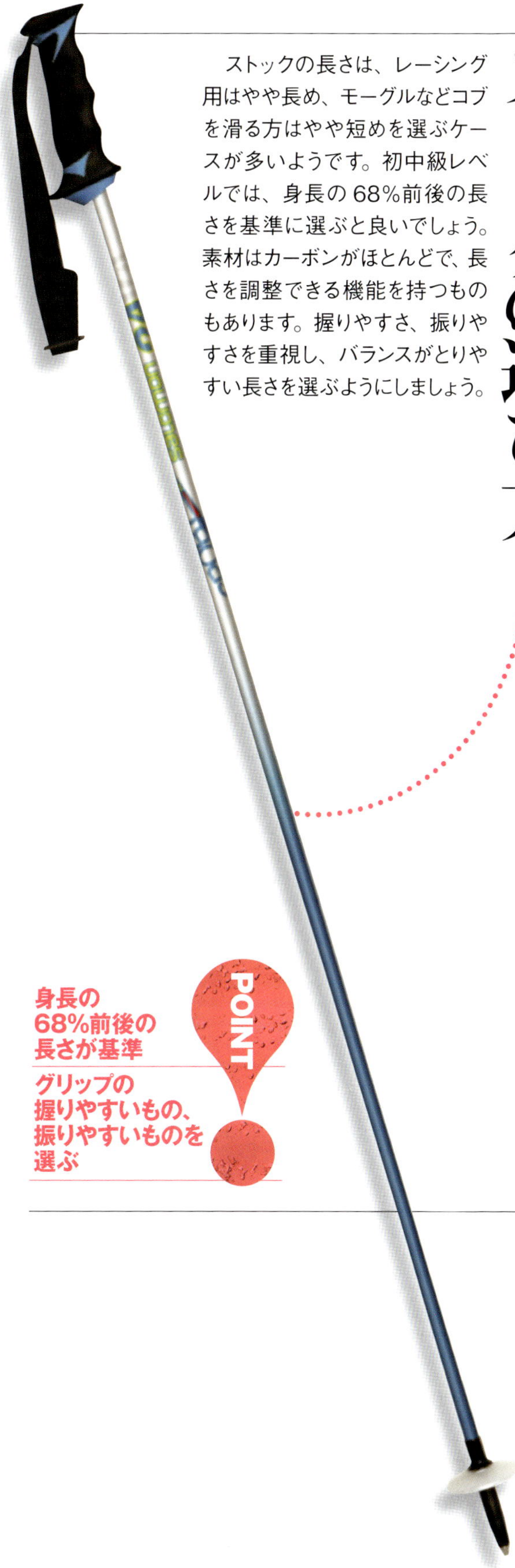

ストックの選び方

ストックの長さは、レーシング用はやや長め、モーグルなどコブを滑る方はやや短めを選ぶケースが多いようです。初中級レベルでは、身長の68%前後の長さを基準に選ぶと良いでしょう。素材はカーボンがほとんどで、長さを調整できる機能を持つものもあります。握りやすさ、振りやすさを重視し、バランスがとりやすい長さを選ぶようにしましょう。

POINT

身長の68%前後の長さが基準

グリップの握りやすいもの、振りやすいものを選ぶ

スキー用具の選び方

スキーには、さまざまなタイプがあります。タイムを競うレーシング、キッカーやレールといったアイテムをクリアするパーク、パウダーやバックカントリー、そして一般的なゲレンデを楽しむオールラウンドなどです。本誌で対象となる初中級のクラスでは、ゲレンデでもっとも使いやすいオールラウンドタイプ、デモタイプを選ぶことをお薦めします。

〈長さ〉

男性 160㎝〜170㎝、女性 150㎝〜160㎝を目安に、初級クラスの方はやや短めのものを選ぶと良いでしょう

〈硬さ・強さ〉

スキー板の場合、現在の自分の技術レベルに合わせることが基本となります。しかし滑走量が多い方は、上達を見込んでやや上のレベルを選んでも良いでしょう。店員さんと相談しながら決めるようにします。ブーツとのマッチングもありますが、長さ、硬さ等、ある程度現在のレベルにあったものであれば、あとは気に入ったデザインを選ぶようにします。

ビンディングの選び方

ビンディングは、スキーとセットで販売されているものが全体の7割ぐらいを占めています。とくに初中級レベルの場合は、ほとんどがセット販売です。セットになっていない場合でも、スキーのメーカーが推奨しているものがあるので、お店で確認してみましょう。ビンディングは、初中級用は軽く、上級モデルやレース用は、強度を保つため重くなっています。最初は、持ち運びも楽な、軽めのものを選ぶと良いでしょう。重要な解放値の設定は、技術レベルや体重に合わせて、お店で調整してもらいましょう。

POINT

ビンディングは軽めのものを選ぶ

解放値はお店で調整する

ブーツの選び方

オールラウンド用

バックカントリー用

スキーブーツは、お店で実際に履いてみることが大切です。両足とも履いて5～10分くらい、履き心地を確かめます。最初は、足にやわらかくフィットするものを選びます。初中級者にとっては、雪の上で長時間快適でいられるものでなければいけません。技術レベルは、背伸びをせず、かならず自分に合ったものを選ぶようにします。ブーツにもレース用やバックカントリー用などありますが、初中級レベルの場合は、一般的なモデルを選ぶようにしてください。

〈サイズ〉

ブーツのサイズは、全長よりも足首まわりのボリュームに合わせて、くるぶしから足の甲にかけてある程度しっかりフィットするものを選ぶようにしてください。もともとスキーブーツは、つま先部分に余裕を持たせて作られています。つま先側が余っていても問題ありません。

〈硬さ〉

初中級クラスの場合は、やや柔らかめのブーツを選ぶことをお薦めします。ただし、ブーツの硬さは技術レベルだけでなく、体重にも関係してきます。初中級レベルでも、体重の重い人は、少し硬めのブーツを選ぶ必要があるということです。店員さんに相談して決めるようにしてください。

POINT

快適性を優先すること

必ず履いてみること

Part 1

ウエアの選び方

最近では、フィットしたシルエットのものが流行りつつありますが、最初のうちは重ね着もでき、動きも制限されない、ややゆったりしたものがお薦めです。また成長期のお子さんに合わせ、袖や裾を調整できるものもあります。スキーウエアを選ぶ際には、かならず試着してみることが大切です。サイズはメーカーによって多少違いがあるため、あくまで参考値と考え、適切なサイズを選ぶようにします。ゲレンデでの着こなしも考え、気に入ったデザインのウエアを選びましょう。

メンズ用
ややタイトなシルエットが流行り

メンズ用
比較的ゆったりとしたタイプ

レディス用
さまざまなデザインがある

POINT

デザインだけでなく機能性も考慮して選ぶ

ヘルメットの選び方 ゴーグル、サングラスの選び方

日本でも年々着用率が増えているヘルメット。形はさまざまで、耳までおおうもの、ハーフキャップタイプなどがあります。絶対安全ということではありませんが、頭を守り、大きなケガを防ぐ意味でも被ったほうが良いといえるでしょう。

ヘルメットに合わせてゴーグル、サングラスを選びます。吹雪や強い紫外線から目を守る、UV カットのサングラスやゴーグルは、必須アイテムです。選ぶときは、デザインだけでなく、かならずフィット感をチェックしてください。装着したときに、鼻の周りに隙間のできないものを選びましょう。レンズの色は、自分で見やすいと思えるものがいちばんです。

グローブの選び方

レーシングタイプ

ノーマルタイプ

ミトンタイプ

防水性のしっかりしたものを選びます。ウェアと同様にしっかりとサイズをチェックして、実際にはめてみることが大切です。パッドが入ったレーシングタイプや、保温性を重視したミトンタイプなどもありますが、最初はノーマルタイプを選ぶと良いでしょう。

Column 01

用具選びは最初が肝心

いろんなジャンルを楽しむために

どんなスポーツにも、基本があります。スキーでは、斜面を移動する方法として、バランスを取りながら身体とスキーの位置関係を操り、ターン弧を描いていくことが基本となります。滑り降りる力（重力）を利用して、方向を変えていくということです。本書でも、基本的な滑り方、身体の使い方を紹介していますが、いつでもどこでも、この滑り方で滑りなさいというわけではありません。基本的なポジションの取り方や、身体の使い方は、自分が目指す滑りや、次のステップに進むために必要な要素なのです。

ゲレンデスキーだけでなく、パウダーを求めてバックカントリーにトライしたり、レースに出てポールを滑ったり、ハーフパイプで飛んだり跳ねたりと、スキーにはさまざまなジャンルがあります。（図1）そうしたジャンルを楽しむために、基本を学んでおくことがとても大切なのです。

基本をしっかりと身につけるためには、自分に合った扱いやすい用具が必要です。最初は、スキーショップに並んでいるセットスキーでも構いません。自分のレベルや志向をお店の人に話して、相談に乗ってもらいます。極端に長いスキーや、太いスキーを選ばないほうが良いでしょう。まずは、ごく一般的なゲレンデ対応のスキーを選びましょう。そうすることで回り道をすることなく、基本を身につけることができます。自分の好きなジャンルに適した用具を選ぶのは、しっかりと基本を身につけてからです。

いまどきの用具ロッカースキー

カービングスキーが登場してから15年以上たちました。その間、スキーの長さとサイドカーブには劇的な変化が現れましたが、その変化もここ数年は落ち着きを見せ、それぞれのジャンルに合わせたスキーの形状がある程度定着してきました。そして2010年頃からは、ロッカースキーと呼ばれる新しいタイプのスキーが登場したのです。

ロッカースキーのロッカーとは、ロッキングチェアーのロッカーから来たものといわれており、トップの反りあがり以外にスキーの端がさらに反りあがっているタイプの板を、ロッカースキーと呼んでいます。この形状を採用することで接雪面が短くなり、回転性が増し、ターン始動がこれまでより楽に、そしてスムーズに行なえるようになりました。またフリースタイル用としては、トップとテールの両方を反りあがらせることにより、逆向きに滑ることが可能になったり、ジャンプやトリックがやりやすくなる効果を持つタイプも登場しています。またバックカントリー用では、柔らかい雪の中でのスキーの操作性を向上させているタイプもあるといったように、一口にロッカースキーといっても、ジャンルによってさまざまな特徴を備えたモデルがあるのです。（図2）

初中級クラスのものにも、このロッカー形状が採用されているタイプが数多くあります。通常このクラスのスキーでは、極端な形状をとっているものはあまり見られません。スキーを選ぶときには、とくにロッカータイプでなければいけないということはありませんので、お店の方と相談しながら選ぶようにしてください。

■図 1

■図 2

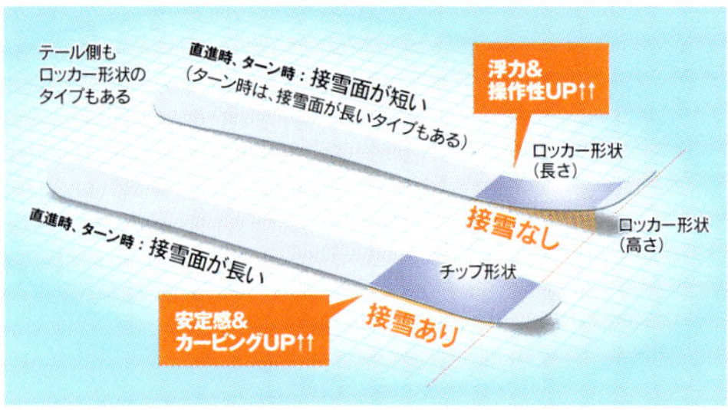

Part 2
雪上に出よう

DVD

POINT

雪上に出るために必要なブーツの履き方､スキーの着脱方法と、基本となる身体の使い方について説明しています。次に平地での歩行や推進滑走を練習し、滑走感覚をつかんだところで、方向変換や斜面の登り方へと進んでいきます。スキーでは、どのレベルにおいても転倒を避けることはできません。初歩の段階では、とくに転んだり起き上がったりの繰り返しになります。その際になるべく無理なく起き上がるコツなども紹介していますので、ぜひ参考にしてください。

ブーツの履き方

バックルを外して、ブーツの内側（インナーブーツ）をしっかりと広げて足を入れます。かかとがしっかりと収まるように、インナーブーツを引っ張りながら足を押し込みます(**写真1**)。このとき、ブーツのかかとで地面を強く叩くようにしてかかとを収める人をよく見かけますが、何度も繰り返すとブーツのかかと部分を痛めることにもつながりますので、注意が必要です。

かかとをしっかりと収めタングの位置を確認したら、つま先側の第一バックルから軽く締めていきます（**写真2**)。最初からあまり強く締めると足がしびれてしまうので、最初は軽く、滑る前に増し締めをするようにします。ブーツの上方、すねの部分にパワーベルトがついてるタイプのものは、これも軽く締めておきましょう（**写真3**)。

ふくらはぎが太い人の場合は、第一バックル、第二バックルを軽く締めたら先に第四バックルを締めて、第三にもどると良いでしょう。順番に締めていくとシェルの形がかわってしまい、第四バックルが締まらなくなることがあります。ブーツは筒状のシェル形状をキープしないと、正しい性能を発揮することができません。足がきれいに、シェルによってラッピングされているかどうかチェックしましょう。前述しましたが、初級者の場合は、バックルをあまり強く締める必要はありません。快適に一日を過ごせる程度の強さで十分といえます。

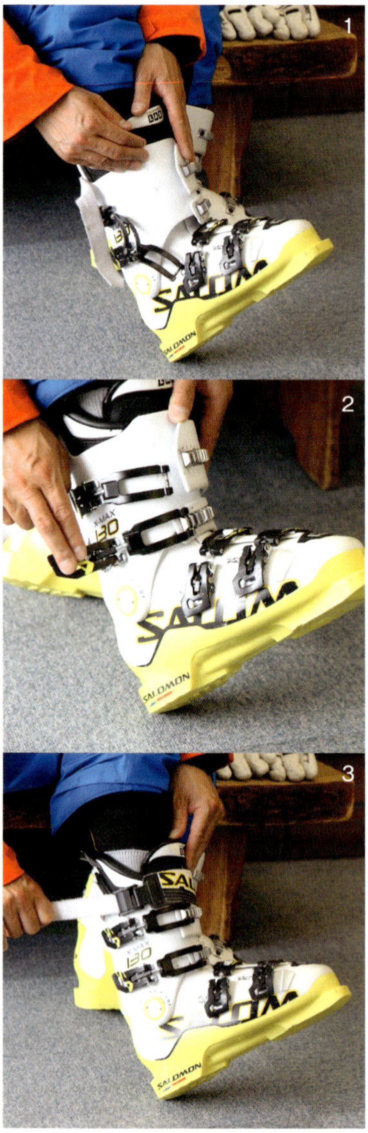

POINT

かかとをしっかり収める

バックルは最初から強く締めすぎない

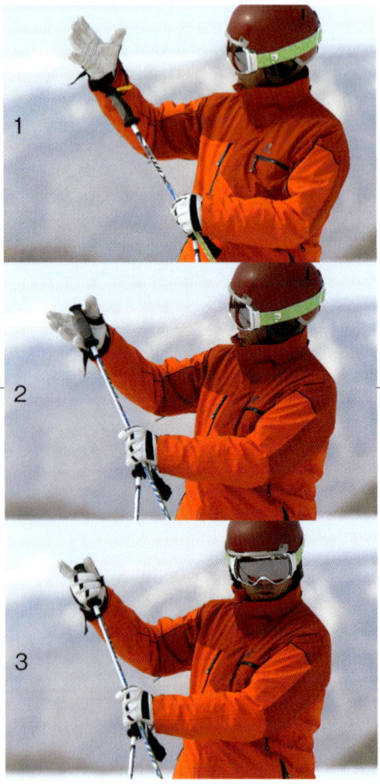

ストックの握り方

グリップについているストラップに下から手をとおして、グリップと一緒に握ります（**写真1～3**)。タイプによってはストラップがはずれ、あらかじめグローブにセットできるものや、手首の付近で支えるプラスティック製のガイドタイプのものもあります。

CHECK CHECK

くつ下にも注意

以前はブーツ自体にあまり保温性がなく、防寒のためにソックスを重ね履きしたり、かなり厚手のソックスを選ぶ方が多く見られました。しかし現在はスキーブーツの保温性や防水性もかなり高まり、それほど厚手のソックスを履く必要はなくなりました。スキー用ソックスが無い場合、ハイソックスであれば通常のスポーツタイプのものでOKです。大切なのは、しわが寄らないように履くこと。ソックスのしわは足の痛みにつながるので、ブーツを履くときに注意が必要です。

用具の取り扱い

スキーの履き方

ビンディングでブーツの底をこすったり、ストックでブーツのサイドをたたいたりして、ブーツの底の雪をしっかりと落とします。一般的なビンディングの場合、ブーツのつま先をビンディングのトゥピースにしっかり差し込んで、かかとをヒールピースに合わせてしっかりと踏み込みます。

POINT

ブーツの雪をしっかり落とすこと

板を履く場合はスキーの面に垂直に力をかける

フラットにスキーを置けないときは、斜面の上のスキーを履いてから向きを変え、下のスキーを履くようにします。

スキーの外し方

ビンディング、ヒールピースの羽状の部分をストック、もしくは手で押し下げることで、スキーを外すことができます。スキーを履いたまま羽状の部分を踏みつけると、ソールを傷つける可能性があるので注意が必要です。

CHECK CHECK

平地の場合にはどちらのスキーから履いても構いませんが、傾斜のあるところでは、斜面の下側のスキーから履くようにすると両方のスキーを楽に履くことができます。傾斜がきつい場合や、フラットにスキーを置けない場合は、斜面の上のスキーを履いてから向きを変え、下のスキーを履くようにすると比較的簡単に履くことができます。かかとを押し込むときには、しっかりとかか側に自分の体重を乗せるようにして踏み込みましょう。このとき、スキーの面に対してできるだけ垂直に力をかけることがポイントになります。

Part 2-2

雪上での基本動作 ふたつの身体の使い方

スキーブーツを履くと、足首の動きはかなり制限されてしまいます。そうした制限の中で、滑走中のバランスをキープしスキーを操作しなければなりません。基本となる動きは次の3つです。

曲げる、伸ばす 脚の曲げ伸ばしにより、ポジションの高さを調整したり、雪面への力の強弱をコントロールします。また腕の曲げ伸ばしは上半身の動きを補助します。

ひねる、戻す
進行方向に対してスキーを横向きにする脚部の動きが主となりますが、腕や体幹部のひねり戻しを活用することで、ターンのスピードコントロールを行ないます。

開く、閉じる
両脚のスタンスの幅を調整したり、脚や腕を左右に広げることでバランスをとったりします。

POINT
大切なのは
ふたつの身体の
使い方

体幹部分をひねる動き

スキーが曲がる方向と同じ方向にひねる、体幹部による動き。

○ ターンの遠心力など強い力への対応

✕ 細かい動き、素早い動き、安定性

このふたつの動きを使い分けることが、スキーの上達には欠かせません。どちらかいっぽうではなく、両方の動きをしっかり使い分けられるように、練習を進めていきましょう。

脚部をひねる動き

バランスを重視した滑りに見られる動きです。上半身の動きを抑えて、曲がる方向とは逆の方向に身体をひねると、脚部のひねりしか使えなくなります。

○ 細かい動き、素早い動き、安定性

✕ ターンの遠心力など強い力への対応

Part 2-3

滑走感覚を身につける

スキーを履いて平地でいろいろな動きにトライしてみましょう。滑るスキーに乗っていく感覚、スキーと一緒に移動していく感覚を身につけることが目的です。

POINT

スキー用具に慣れる、ブーツに慣れる

足元が滑る感覚を身につける

スキーを履いた状態で歩いてみる

ストックで身体を支えながら、平地を歩いてみます。慣れてきたら、片足で滑る距離を長くしていきます。

スキーを片足だけ履いて滑ってみる

スキーを履いていない脚で雪をけり、前に進んでみます。バランスを取りながら、スキーに乗っていきましょう。

1

2

3

ストックで漕いで、前に進みます。スキーを前に滑らせる動きは上達に欠かせません。滑るスキーに体重を乗せるだけでなく、スキーを前に滑らせるように力を使うことで、スムーズに移動することができます。

CHECK CHECK

実際に漕ぐときには、膝と股関節を曲げてスキーを前に押し出すようにしますが、このとき足首だけを曲げる意識だと前に滑らせることができません。トップ側からかかる抵抗を、テールへ抜いていくように、膝と股関節を適度に曲げてスキーを滑らせる動きを導き出します。

Part 2-4
斜面で向きを変えてみよう
斜面を登ってみよう

方向変換

平地で動けるようになったら、方向変換にトライします。これには、いくつか方法があります。

1
2

スキーのテールを中心に方向を変える

斜度が緩い場所では、スキーのトップを斜面の上に向けて、テールを中心にトップを少しずつ扇型に開いて向きを変えます。このとき、開くスキーと一緒に身体も移動させます。

1
2
3

スキーのトップを中心に方向を変える

斜面では、滑りださないように斜面下側にストックを突いて体を支え、スキーのトップを中心にテールを少しずつ扇型に開いて向きを変えます。このとき、スキーを先に移動させ、身体はあとからついていきます。

POINT

ストックでしっかりと身体を支えること

自分で自分のスキーを踏まないように注意すること

1
2
3

キックターンにトライ

慣れてきたらキックターンにトライしてみましょう。斜面下側のスキーを写真のように立てて、トップを外側に開きます。次に、四股を踏むようにしてバランスをとり、上のスキーの向きを変えます。

CHECK CHECK

どうしてもうまくいかないときは、斜面に自分から転がって背中をつき、スキーを持ち上げて向きを変えます。これは、非常手段ですね。

階段登行

斜面に対してスキーを横向きにセットし、一歩ずつカニ歩きで登っていきます。斜面上側のスキーの角を立てて、スキーがずれないように足場を作ることがポイント。足場がしっかり確保できていないと、スキーがずれてしまいうまく登れません。

1

2

3

開脚登行

スキーのトップを開いて斜面上方向に向かい、一歩ずつ登っていきます。スキーの角度を一定に保つことが難しく、慣れが必要です。また、足を大きく開かないと、自分のスキーのテールを踏んでしまうので注意が必要です。

3

2

1

CHECK
CHECK

階段登行の場合、垂直に登るのではなく、やや斜め方向に登っていくと、楽に登ることができます。

Part 2-5

転び方、起き方

1

転び方

なるべく転ばない方がいいのは当然ですが、バランスを崩してどうしようもないときは、後方にお尻をつくようにして転びます。また、転ぶときは全身の力を全部抜いてしまわないように、各部を少し緊張させておくとケガのリスクを減らすことができます。前にバランスをくずすと前転してしまったり、大きな転倒につながるので注意が必要です。極端な後傾はよくありませんが、雪上にでて間もないうちは少し後ろ気味にバランスをおいたほうが、激しい転倒を防ぐことができます。

○

重心を後ろ側に移し、
お尻をつくように転ぶ。

2

3

POINT

転ぶときは潔くお尻から

起き上がるときはスキーの角度に注意する

×

前にバランスをくずすと
大きな転倒につながってしまう。

※[重心]の意味は、
P108の「いまどきのスキー用語」を
参照してください。

起き方

起き上がるときは、身体より下にスキーを置き、斜面に対してスキーを横向きにセットします。最初は斜面に手をついて起き上がってみましょう。慣れてきたら、ストックで身体を支えて起き上がります。斜面に対してスキーの向きが垂直でないと、スキーが前後に滑り出してしまい、なかなか立ち上がることができません。

斜度の緩い場所では、さらに起き上がることがむずかしくなります。この場合、片方のスキーはお尻の下、もう片方は身体から離すといったように、スタンスを大きく開いて起き上がるとうまくいきます。

どうしても起き上がれない場合は、片方のスキーを外してトライします。上達の過程では、数えきれないほど転ぶことでしょう。ということは、数えきれないほど起き上がる練習をすることになる、ということです。ちょっとしたコツを覚えていれば、すぐに楽に起き上がることができるようになるはずです。

1、最初は手をついて起き上がってみます

1

2

3

2、慣れてきたらストックを使ってトライします

1

2

3、斜度のゆるいところではスタンスを大きく広げて立ち上がってみましょう

1

2

3

スキーが斜面下方向を向いていては、起き上がることはできません。

上達のためには、コースや雪質がスキー場選びのポイントとなる

Column 02

いまどきのスキー場選び

目的に合わせて選ぼう

スキーを楽しむためには、スキー場を選ぶことも大切な要素の一つといえます。一般スキーヤーの多くが雪質を気にするようですが、それだけでなく、滑る人の好みや、一緒に行く人のレベルや人数によっても、スキー場に求めるものが変わってきます。一人で自由に楽しんだり、こっそりと練習に励みたいという場合には、アクセスの良さや練習に適した緩中斜面の多さ、バーン状況がポイントとなるでしょう。また仲間同士で行く場合は、交通手段やゲレンデの状況だけでなく、アフタースキーといったスキー旅行全体を考えて、スキー場を選ぶことになります。

ファミリーの場合は、少しぐらい遠出をしても緩斜面の多いスキー場やキッズエリアのあるスキー場を選ぶことが大切です。また、子供が飽きてしまった場合も考えて、レストハウスや託児所、スキー以外で遊べる施設があることもスキー場を選ぶポイントとなってきます。

上達に関していえば、急斜面の多いスキー場より、緩斜面が長く使えるスキー場を選んだ方が良いといえます。緩斜面でしっかり練習して、長く滑れるようになってから、斜度のある斜面にトライしていきましょう。基本をしっかりと身につけるためには、必要な動きを緩斜面で身体に定着させていくことが大切です。少しむずかしい斜面にトライして失敗してしまったら、また緩斜面に戻って基本を練習する。こうした繰り返しが、確実に上達することへと導いてくれます。

楽しみは滑るだけじゃない

スキーには、旅行としての魅力もあることを忘れてはいけません。さらに、有名な温泉地にあるスキー場の例をあげるまでもなく、スキー＋温泉は当たり前。多くのスキー場に温泉施設が併設され、スキーの後の疲れをいやす日本人ならではの楽しみを提供してくれています。

スキーを単なるスポーツと考えずに、スキー場に到着するまでの過程やアフタースキーも楽しんでしまいましょう。雄大な景色を楽しむこともスキーの魅力の一つといえます。こうした志向は、年齢によっても変わってくるものです。アクセスの良さだけを考える年代から、年を経るにつれて、自然の豊かさや空気感を楽しむことができるようになります。たとえ遠くでも、景色や雰囲気の良いところに行きたいと思うようになるスキーヤーは少なくありません。またその土地の名物や文化に触れることも、スキー旅行の重要な楽しみの一つといえるでしょう。

温泉はスキーの後の大きな楽しみのひとつ

Part 3
斜面を滑ってみよう

DVD

POINT

斜面を滑るスキーにおいて、もっとも重要な基本姿勢と回転に必要な基礎技術を紹介しています。とくにハの字滑走の中で解説している、外バランスと内バランスのふたつの身体の使い方は、上級レベルも含めすべてのレベルで必要となるものです。初歩の段階からこのふたつの身体の使い方を覚えることで、上達の速度を一気に早めることが可能です。また上達に行き詰った際には、迷わずこの Part 3 に戻ってください。なかなかうまくいかない原因や、問題解決のヒントがかならず見つかるはずです。

Part 3-1 基本姿勢

斜面状況に対応した構えが大切

足首はブーツの角度に合わせて立ち、膝、股関節を軽く曲げて、背中に前傾角度をつけます。このとき、背中を丸める必要はありませんが、大きなボールを抱えるように少し懐を深く取ると、バランスが取りやすい基本姿勢が出来上がります。

高い姿勢を取ると、つま先側にウエイトが集まります。

低い姿勢を取ると、かかと側にウエイトが集まります。

スキーヤーのタイプは、この基本姿勢をベースとして大きくふたつに分けることができます。

タイプ2

タイプ1

タイプ2（写真2）

タイプ1（写真1）

・足首が深く曲がり、腰が前に出て上体が反ってしまうタイプ。

これは、上級者に多いタイプです。細かい動きに対応することはできますが、雪面から受ける強い力には弱いという特徴があります。

上達とともに、状況に合わせてこのふたつのタイプを使い分けることが必要になりますが、みなさんに目指してもらいたいのは（ここでの目標は）、このふたつのタイプの中間となる基本姿勢です。

・脛の角度が起き、腰が後ろに引けて上半身が前に被るタイプ。

これは、初心者によく見られるタイプです。強い力には比較的耐えられますが、細かい動きは苦手という特徴があります。

POINT

スキーでは、脚部の動きは股関節から導かれるものが多いため、股関節を軽く曲げると、脚の動きが使いやすくなります。股関節を伸ばしきってしまうと、脚を自由に操ることはできません。このとき、上半身の角度はできるだけ一定に保つことがポイントです（**P28 写真**）。

CHECK CHECK

このふたつの姿勢を体感するには、スキーを脱いで雪の上に立ち、つま先側と、かかと側を雪に埋めてみるといいでしょう。かかと側を埋めて立つと足首の動きが使えなくなり、股関節からの動きになります。これがタイプ1（写真1）。つま先を埋めると股関節が使えなくなり、足首と膝だけの動きになります。これがタイプ2です（写真2）。それぞれのタイプの感覚を身につけておきましょう。

Part 3-2

確実な止まり方

ここでは止まり方にトライします。スピードコントロールの基本ということだけでなく、危険を回避するためにも、しっかりと練習しておくことが大切です。

スキーのテールを大きく開いてハの字で止まる

スキーのテールを大きく開いてブレーキをかけます。このとき、スキーよりも後ろに身体をおくことで、より効率的に止まることができます。また、大きなハの字を作ることで、より確実に制動をかけることができます。スキーより前側に身体があるとハの字のスキーのエッジが立たず、制動がかかりにくくなります。

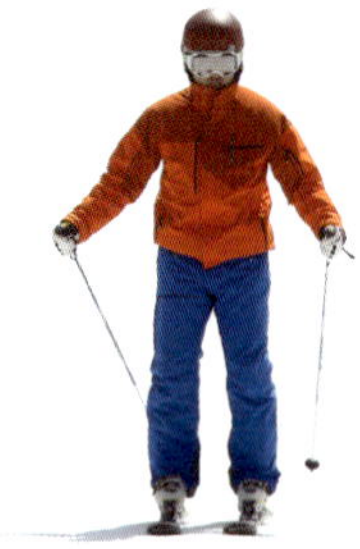

1

2

3

POINT

ハの字で直線的に止まる方法と、ターンの延長で止まる2つの方法をしっかりと身につけておきましょう。ポイントは、抵抗がかかる方向の逆側に身体を位置させることです。写真のように重心が前にいってしまうと、抵抗を受け止めることができません。

1

2

3

回転の延長で止まる

曲がりながら、その延長で止まろうとする場合は、身体の位置をターンの内側に寄せて、外側の脚を突っ張るようにして力をかけると短い距離で止まることができます。これに対し、身体の位置を外側の股関節に寄せ、外脚に荷重して止まろうとすると回転が続いてしまい、なかなか止まることができません（写真下）。身体は内側、力は外側に使う、これが素早く止まるためのポイントです。

Part 3-3

スキーの操作

頭と身体でしっかり覚える

ここでは、基本的なスキーの操作について説明していきます。主なスキーの操作は、スキーが進んでいく方向に対して3次元の動きとなります。

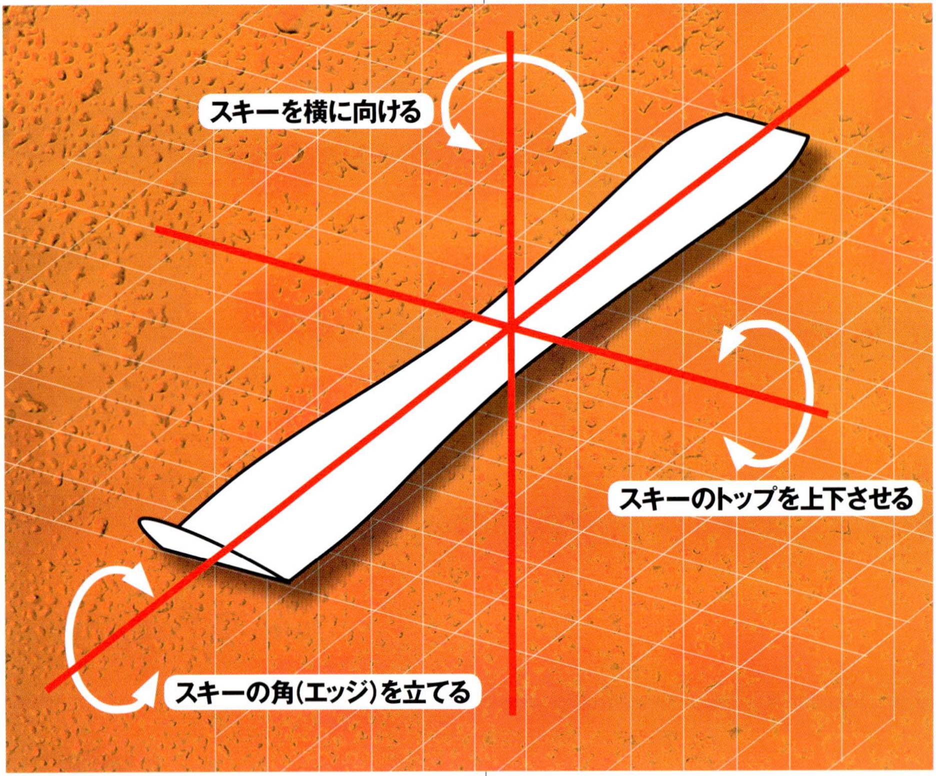

初中級レベルでもっとも大切なのは、スキーを進行方向に対して横に向け、角（エッジ）を立てる操作です。この動きは脚部をひねる動きと、スタンスを広げる動きを組み合わせることで行なうことができます。コブなどで必要となるスキーのトップを上下させる操作は、この段階ではあまり必要ありません。

スキーを横に向け、エッジを立てる操作は、直滑降からスキーをハの字に開く動きを練習することで身につけることができます。初歩の段階では、スキーのテールを大きく開く方法で良いでしょう。慣れてきたら、足の位置をあまり変えずにハの字にしたり平行にしたり、脚部のひねり操作でスキーの横向き度合いをコントロールしていきます。片側ずつ開いたり、両方一度に開いたりと、さまざまなパターンを練習してみましょう。

脚部のひねりでスキーの横向き度合いをコントロールします。

スキーのテールを大きく開きスキーをコントロールします。

ハの字で滑る（外バランス）

身体の使い方でふたつのタイプに分かれる

ハの字をキープしてゆっくりと滑ってみましょう。ここでは、ハの字で滑る際のふたつのタイプを紹介していきます。ベースとなるふたつの身体の使い方になります。しっかり理解しておくことが必要です。

1

2

6

ハの字の滑り▶タイプA

脚の動きでハの字を作り、逆ひねりのバランスをキープして曲がります

　このタイプを外バランスと呼ぶことにします。回転外側のスキーと上半身が逆ひねりの状態になるよう、ハの字をキープして滑ります。上体の姿勢をあまり崩さないようにしながら、交互に外スキーに荷重していきます。バランスを重視した滑り方です。

○ バランスに優れていて、安定感がある

✕ 筋力的には脚部に少し負荷がかかりやすい

3

4

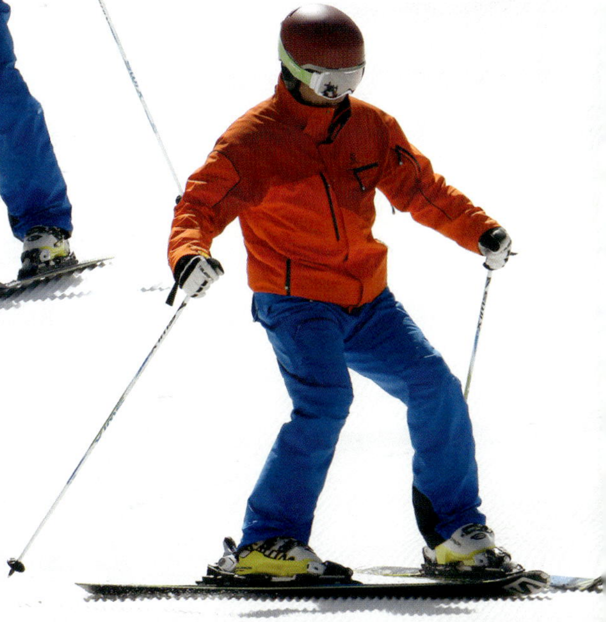

5

POINT

タイプＡの外バランスは、バランスをキープするために少し筋力を使うので、子供や中高年の方にはフィットしない滑り方といえるかもしれません。しかし滑走条件に左右されない確実な滑り方です。

2

1

ハの字で滑る（内バランス）

ハの字の滑り▶タイプB

身体を回転方向にひねり込む順ひねりを利用した滑らか重視のタイプ

このタイプを内バランスと呼ぶことにします。外側の脚に力を入れるのはタイプAと同じですが、身体の位置を内股関節よりに寄せることで、胸の向きが回転方向に向いてスムーズに回ることができます。

◯外脚の軸をまっすぐとれるので強い力に対応できる

✕凹凸のある斜面などバランス的にはやや弱い

6

CHECK CHECK

ここで紹介したAとBの滑り方は、どちらが正しいというものではありません。状況によってバランス重視の滑りと、身体の動きを優先させた滑りの二つを使い分けることが大切です。上達の過程で急なむずかしい斜面しか選択できない場合は、バランス優先、楽に滑ることのできる長い緩斜面が選択できるときは、身体の動きを優先すると良いでしょう。最終的には、どちらの滑りもできるように練習していかなければなりません。

POINT

タイプBの内バランスは、雪面からの強い力にも対応できるので、子供や中高年の方にもフィットした滑り方といえます。極端に身体をひねらない、体幹部を主体とした身体の動きで滑ることができます。

3

4

5

Part 3-6

Basic training

滑りの土台をつくる1

滑りの土台をつくる

このパートでは実際に滑りながら、蹴る動き、跳ねる動きを身につけるための練習法を紹介していきます。

1

2

スケーティング

緩斜面で左右のスキーで蹴りだすようにして、スケーティングにトライしてみましょう。左右のスキーに乗り換えて体重移動することで推進力を得ていきます。蹴りだすときにしっかりエッジを立てなければならないので、確実な角付けの感覚が身につきます。

1

2

3

4

5

1

足踏みターン

バランス感覚を鍛えるために、ターンしながら足踏みして、少しずつスキーの方向を変えてみます。あまり大きく踏み出すとバランスを崩してしまうので、最初は斜度の緩いコースで小さな歩幅でトライしてみましょう。

切りかえジャンプ

ターンとターンの間にジャンプをはさんでみます。しっかりとした足場がないとジャンプはできません。力をためたときのエッジによるグリップ感を感じながらトライしてください。

Column 03

滑り降りる力がエンジンだ

重力をうまく使えるようになろう

スキーは、重力を利用したスポーツです。雪面に対して自分から力を加える場面もありますが、基本的には、斜面を滑り降りる力をうまく利用してスキーの方向付けを行ない、自在なターン弧を描いていくのです。

雪面に加える力は、初歩の段階で多く使います。スキーを開いたり閉じたり、回旋させたりして雪面との抵抗を生み出し、スキーをコントロールします。こうした自分から仕掛ける力は、上達とともにだんだん少なくなっていきます。レベルが高くなると、滑り降りる力をうまく使えるようになり、力のつり合いを考えた、無駄のない効率的な滑りを実現できるようになるのです。

滑走条件が毎回違うことも、スキーの大きな特徴のひとつです。ですから、スピードや斜度、雪質を無視したワンパターンの技術では、すべての状況に対応することができません。いろいろな条件にチャレンジして、少しずつ滑走経験を蓄え、斜度や雪質の影響がどのくらいあるのか、ある程度予測できるようになることも大切です。この能力が、滑走中のミスを大きく減らしてくれます。

上達は外脚から

スキーの基本は外脚と言っても過言ではありません。さまざまなテクニックを習得するときにも、まずは外脚でしっかりバランスを取って、確実にターンを描くところからスタートします。重心移動を覚え、積極的に内脚を使うことを考えるのはその後です。そこからさらに、両脚を使って効率の良い滑りを目指していくわけですが、はじまりは外脚、この基本は昔から変わることはありません。

内脚を主体としてターンを組み立てる滑りは、スピードコントロールがむずかしいため、いつの時代もその指導法は長続きしていません。最近の主流は、身体を大きく傾けた、体幹部の動きを中心とした指導法ですが、エッジングはあくまで外脚が主体です。バランスとスピードコントロールを重視し、両脚を効率よく使うことで、さまざまな条件に対応していくという指導法がふたたび見直され始めています。

まずは安定したバランスを確保し、外脚からスキー操作を覚えていきます。滑走距離を伸ばしながら身体に覚え込ませ、つぎに内脚の使い方を練習します。最後に、両脚でのスキー操作へと進めていくのがセオリーです。

本書でも、基本ポジションの確認の後、基礎回転の中で外側のバランス、内側のバランスでの身体の使い方を覚えて頂き、3通りのパラレルターン習得法を紹介しています。

スキー本来の基礎となる部分は主にパート3で紹介されています。すべての滑りの要素がこのパートに収められていると言っても過言ではありません。上達の過程で迷ったらこのパート3に戻ってください。滑りの問題点(原因)を解決するポイントがかならず見つかるはずです。

滑り降りる力を利用してスキーを自在にコントロールしていく

Part 4

確実な滑りを目指そう

DVD

POINT

シュテムターンなどをベースに、確実にターン弧を描く、踏みかえ操作を使ったパラレルターンの習得方法を解説しています。バランスを優先させ、ターン前半部分でつくった姿勢をできるだけキープする、外バランスといわれるタイプの滑りです。緩斜面が少ないゲレンデや、凹凸のあるコースで、パラレルターンを覚えていくのに効果的な滑り方です。この滑り方は、パラレルターンの練習用としてだけでなく、むずかしい斜面を確実に降りるときに非常に役立つ、実用的な滑り方といえます。

Part 4-1

プルークボーゲン

タイプAの滑りを確実なものにする

確実に滑ることが目標です。バランス重視のタイプＡの滑りを、このパートでしっかりと身につけていきます。

1

5

6

1

2

3

Training

内足を持ち上げて滑ってみます。外脚への正確な荷重とバランス能力を鍛えることができます。

プルークボーゲンで脚部の動きを抑え、外脚の付け根に上体を寄せることでバランスをキープして滑ります。股関節を軽く曲げ、足首、膝は必要以上に曲げないように注意します。この状態で左右交互に荷重し、回転を連続させていきます。最初はスタンスをあまり変化させないように、体重を左右に乗せ換えることで回転弧を描いていきます。慣れてきたら、つなぎ部分はスキーを平行にして滑ってみます。スタンスを変化させることで、ターンポジションに外スキーを運ぶ感覚をつかむことができます。このとき、あまり脚部をひねり過ぎないように注意します。(外脚の内旋)

POINT

スタンスを変化させることで、外スキーを移動させてターン姿勢を作る動きを身につけることが大切です。上体を必要以上に動かしてはいけません。外スキーのテールを押し出す量を調節することでスピードコントロールすると良いでしょう。

シュテムターン（踏みだし）

3 4 5 6 7

身体とスキーの位置関係がポイント

上体のバランスをキープして、脚部の操作を中心にターンします。外スキーをハの字に開くことで曲がり始め、ターン後半にかけて徐々に内スキーを外スキーに引き寄せていきます。上半身とターン中の外スキーの位置関係をできるだけくずさないことがポイントです。初めのうちは、内スキーを引き寄せるタイミングを遅くとって、スキーを雪面につけたまま、スライドさせながら寄せていきます。スキーの開き閉じに慣れてきたら、スキーを持ち上げてハの字に開き、できるだけ早いタイミングで引き寄せて、パラレルで回転する時間を長くとるようにします。

POINT

外スキーを開きだすときは高い姿勢、内スキーを引き寄せるときはやや低い姿勢といった具合に、上下の動きを利用すると、ターンに入るきっかけが作りやすくなります。また、開きだす側とは反対のストックを準備し、歩くような動作を用いることで、一連の動きにより滑らかさを増すことができます。

1 2

1 2 3 4

5 6

スキーを持ち上げて開きだしと引き寄せを行なうことで、より実践的な滑りになります。パラレルの時間が長く、動きもスムーズです

パラレルターン（踏みだし）

1

2

パラレルの状態を長くキープする

シュテムターンを洗練させていくことで、スキーを平行にして滑る時間が長くとれるようになります。少しずつ斜度を増し、スピードの力を借りることで、ターン前半からより長い時間パラレルの状態で滑ることが可能になります。踏みかえ動作はなくなりませんが、上半身と外スキーの位置関係をキープすることが、より確実なパラレルターンへとつながります。この段階では、切りかえ部分で身体を次のターン方向へ移動させることがむずかしいため、踏みかえる動作を使って外スキーを移動させ、ターンポジションをつくります。

POINT

シュテムターンからパラレルターンに近づけていくためには、スピードの力が必要です。いつも同じ緩斜面ばかり使っていても、なかなか上達しません。少しずつ斜度のあるところにもトライして、スピードに慣れる努力をしましょう。また、長い距離を続けて滑ることで、ひとつひとつの動きを洗練させていくことができます。短い距離と長い距離を組み合わせて練習することで、より効率よく上達していくことができます。

Part 4-4 パラレルターン（踏みけり）

ワンモーションによるターンを目指す

スムーズにターンを連続させていくためには、ターンの仕上げ部分で身体を確実に斜面に垂直な位置へ移動させる必要があります。この、ターンを抜けだす動きを覚えることで、踏みかえ動作を使わない、ワンモーションによるターンを完成させることができるのです。切りかえ部分でもっとも重要な重心移動を覚えるために、この踏みけりによるパラレルターンにトライします。

1 スピードをやや抑えて、ターン後半外スキーを開いて足元をしっかりとグリップさせます。

2 次に谷足で踏みける動きをきっかけとして、斜面に垂直な方向に身体を移動させながら内スキーを外スキーに引き寄せます。

POINT

ややや斜度のある斜面を選んでトライすることがポイントです。しっかりとした足場作りと、切りかえに向けてターン姿勢から抜け出す身体の移動がマスターできればOKです。また、少し浅めのターン弧で練習すると、移動の感覚とその方向がつかみやすくなります。少しずつ開きだしの幅を狭くしていき、確実に斜面に対して垂直な位置に抜け出す動きを身につけましょう。

2

1

バランス重視のパラレルターン

確実な滑りを目指す

基本的なパラレルターンの完成形です。切りかえでの重心移動を抑え気味にして、一つ一つのターンを区切り、確実な滑りを目指します。正確にターンポジションを作ったら、そのバランスをキープして、ターン仕上げでは確実に切りかえ位置に抜けだします。スキーの動きを優先させることで、斜面状況の変化に強い滑りとなります。不整地や荒れた斜面などに対応した滑りです。

POINT!

肩、腰のラインを極力水平に保つように意識するところがポイントです。外股関節をあまり上にあげずに、少しうしろに引くようにすると、上体と股関節の逆ひねりのバランスが生まれます。スキーの横ずれにも対応する、安定感の高い姿勢です。

Column 04

昔ながらの滑り方

確実な滑りのために

ここでは、安定したバランスを保持しながら、確実にターンする踏みだし、踏みけりといったステップ系の技術を紹介しています。これらは、ノーマルスキーの時代からある技術ですが、古い技術だから現代のスキーには使えないというわけではありません。たしかに昔の滑り方ですが、しっかりとスピードをコントロールしたり、動きの基本をマスターするために必要な要素が詰まった滑り方なのです。

本書は、『いまどきのスキーテクニック』というタイトルですが、Part4で解説している脚部のひねり操作を主体とした昔ながらの滑り方は、いまでも確実に斜面を滑り降りるために必要な技術なのです。

脚部の操作が先か、重心移動が先か

上達の過程では、しっかりバランスを取って、安定した足場を作ることが大切です。最初は身体の移動を使わず、スキーを踏みだすことでターンポジションをつくる操作から始めます。ある程度連続ターンができるようになったら、ターン仕上げで踏みける動作を使って、身体を移動させる方向を覚えていきます。この方法は、ノーマルスキーの時代、パラレルターンをマスターするための指導法として主流となっていました。

もちろん今でも十分通用する指導法ですが、現代のカービングタイプのスキーの性能の向上に伴い、指導法も大きく変化してきました。これまでの踏みかえ動作でターンをつなぐ、ステップ系と呼ばれる技術ではなく、カービングスキーの持つ回転性を利用し、踏みかえ動作を使わず、スキーと重心の位置関係を操ることでターンする技術に変わってきたのです。

脚部の操作が先か、重心移動が先か、どちらが良いかは一概にはいえません。なぜなら、ひとりひとりのスキーヤーの身体能力や適性によって変わってくるからです。

この本では、安定したバランスとターン技術の習得を優先させ、脚部の操作を主体としたターン技術を先に紹介しています。初心者にとって、滑りながら身体の位置を変化させるのは、非常にむずかしく、なおかつ恐怖心を伴うからです。まずは安心できる、確実な滑りから。これが本書の考え方です。

ステップ系の技術は、確実な滑りには欠かせない

Part 5

スムーズな滑りを目指そう

DVD

POINT

脚部の操作を中心としたプルークターンを練習することで、踏みかえ操作が残らないスムーズなパラレルターンを目指します。基本姿勢はシュテムターンと共通ですが、ターンのポジションをつくる際に、ターン内側に重心の寄った内バランスの身体の動きが必要になります。脚部のひねり操作だけでなく、股関節の動きも使って外スキーを操ることができる、脚部主体のスキー操作は、さまざまなシチュエーションで役立つ、質の高いパラレルターンを可能にしてくれます。

プルークターン1

タイプBの滑りを確実なものにする

バランスをキープしながら、滑らかな動きが特徴のタイプＢの滑りをしっかり身につけていきます。

プルークターン1では、ターンに入るとき、外脚をターンポジションに運びながら、身体の位置を内脚の股関節よりに寄せていきます。こうすることで、脚部の動きだけでなく、腰の動きも使ってスキーをコントロールすることが可能になります。腰の動きを使うことで脚への負担も少なくなり、外スキーを動かす幅も大きくとることができます。

上体のバランスはタイプＡの滑りとそれほど大きく変わりません。極端に内側に倒すのではなく、上体を内股関節よりに寄せることで、内脚を支えに外脚の動きを使う身体の使い方に変えているのです。スピードを抑える場合はテールの開きを大きくとり、滑らかなターンを導き出すには腰の動きを使って外スキーを回転弧に沿って動かすと良いでしょう。

1

7

8

CHECK CHECK

タイプAでは肩と腰が水平になるシルエットでしたが、タイプBのように体幹部の動きを意識していくと、外腰がやや上がったシルエットになります。外腰の高さが低いとスキーの動きが鈍くなり、高すぎるとバランスを崩す原因となるので注意が必要です。

POINT

基本は外脚荷重ですが、外脚一本に乗っていてはうまくいきません。プルークボーゲンで紹介した内バランスをキープして、内スキーのトップを進行方向に向けることで、外スキーの動きを導き出します。

CHECK

写真４の部分でしっかり外脚を踏み込んでいくと、スキーがたわむのが感じられるはずです。外脚を曲げて踏み込むのではなく、内脚を曲げて外脚は伸ばすことでスキーのたわみを引き出します。

Training

スキーを押し出してスタンスを変化させることで、外スキーの角付けの調整を行なう。

プルークターン2

1の動きを さらに洗練させていく

1ではスキーのテールを少し押し出すようにしてずれを使っていましたが、ここでは少しスピードの力を借りてテールを押し出すのではなく、スキー全体を押すようにして角付けを強めていきます。こうすることでスキーのたわみを引き出し、サイドカーブを効果的に使った横ずれの少ないエッジングに近づけていきます。外脚を動かす量は減りますが、より強く外スキーに荷重することでスキーのたわみを引き出していきます。

POINT

スピードの助けがないと、スキーのたわみを引き出すことはできません。少しスピードアップしてトライしてください。基本の形は同じですが、テールを押し出す回旋の動きから、外スキーの角を立てる角付け重視の動きへと、エッジングの質が変わっていくところがポイントです。

6

7

8

パラレルターン（脚部の操作主体）

より実用的な滑りを目指す

パート4のバランス重視の滑りをベースに、プルークターン1、2の動きをプラスすることで、外スキーの操作性を高めるとともに、カービングターンにも対応した身体の使い方を身につけます。この段階では、もっとも実用的な滑りといえます。

プルークターンと同様に外脚からターン始動を行って、身体の位置を内脚の股関節よりに寄せていきます。スピードに乗ってきたら、身体の位置をスキーよりも回転の内側に持っていきます。スピードのコントロールを主体にするときは、少しテール側の動きを大きくとり、よりカービングの要素を強めたいときには、プルークターン２のように、角付けの要素を強めていくと良いでしょう。回旋の要素と角付けの要素、どちらも外スキーを主体に使い分けることができる、もっとも応用幅の広いスタイルとなります。滑りの中でスタンスの変化がでてもOKです。ここでは、脚を揃える意識はあまり必要ありません。

6

7

8

POINT!

ターンの中盤から後半にかけて、内スキーのトップを回転方向に向けていくことがポイントです。外スキーのテールと内スキーのトップを同時に動かしていくようにすると、滑りはより滑らかになります。プルークターン系の場合、内スキーのトップを回転方向に向ける動きが出てくるので、ターン中盤から後半にかけて荷重ポイントをかかとよりに移さないと上手くいきません。

Column 05

どうしてパラレルターンにならないの?

シュテムターンとプルークターンの違い

一生懸命練習しているのに、いつまでたってもパラレルターンが完成しない、そんな悩みを持っている中級者の方も多いのではないでしょうか。ずばりパラレルターンが完成しない理由は、シュテムターンとプルークターンの違いにあります。シュテムターンは、スキーを踏みかえることで切りかえを行なう、ステップ系の操作です。この動きをどんなに洗練させても、切りかえ時の踏みかえる動作が消えることはありません。これに対して、パラレルターンは両方のスキーが同調して、踏みかえ動作を行なわずにターン弧を描く技術です。いくら繰り返し練習しても、踏みかえの動きが残っていては、スムーズなターン弧を描くことはできません。

ポイントは内脚

パラレルターン完成のポイントは、内脚の操作にあります。これをマスターするために必要なのが、プルークターンの練習です。シュテムターンの踏みかえでは、バランスは外股関節よりにあるため、どうしても内スキーを引き寄せる動きが必要になります。これに対し、ターンの入り口では外スキーのテールを使いますが、ターン中盤からは内スキーのトップを回転方向に向ける動きで、両方のスキーを同調させていくのがプルークターンなのです。ポイントは、身体の位置を内股関節よりに寄せること。こうして内スキーをフラットにして、内スキーのトップを自在に操れるようになることが、パラレル完成の秘訣なのです。

パラレルになりきれない場合は、シュテムターンのように内スキーのテールを寄せる操作になっていないかチェックしてください。次にターン中、身体が内、外どちらの股関節よりにあるか確認してください。踏みかえ動作をなくすためには、身体は内股関節よりになければなりません。

前後のバランスのチェックも必要です。パラレルターンのためには、とくにターン後半はかかと側に乗るバランスが必要になります。内スキーのトップを持ち上げられるバランスにあるかどうかがポイントです。内スキーをフラット気味に使い、必要以上にアウトエッジを立てようとしないこと。また、内脚は同じ位置で操作するのではなく、前方に滑らせるように動かしながら操作します。この前に滑らせる動きを加えないと、テールを引き寄せる動きになる場合があるので注意が必要です。

すべての鍵は身体の位置と内脚にあり。内スキーのトップを回転内側に向けられる体勢がとれるかどうかがポイントです。これができていないと、踏みかえ動作のないスムーズなパラレルターンには永遠に到達できません。

ステップ系のシュテムターン

1

2

同調系のプルークターン

1

2

Part 6
ロングコースを滑ろう

DVD

POINT

スキーに対して身体の位置を移動させる、重心移動を主体としたパラレルターンを習得します。脚部のひねり操作が少ないこの滑り方は、ロングコースをゆったりとクルージングするのに適しています。しかし体軸の傾きを利用するため、斜度のきついところや、凹凸のある斜面にはマッチしません。滑る状況や目的に合わせてポジションの取り方を調整し、ターン前半でしっかりとスピードコントロールできれば、疲れの少ない効率的な滑りが可能になります。

プルークターン3

重心移動を使ったプルークターン

パート5までは、上体の動きを抑えて脚部の操作でスキーをコントロールしてきましたが、ここからは、より積極的な重心移動や体幹部の動きでスキーをコントロールしていきます。スタンスをやや広めにとり、回転に入るときに身体をターン内側（谷側）に移動させることで、外スキーのエッジを立てていきます。ここでは、外スキーを通じて雪面に自分から働きかけるという、能動的な姿勢が大切です。また、重心移動を主体としてターンに入っていくと、ターンの入り口で一気にスピードが乗ってしまいがちです。つねに外スキーのテールをターン外側に押し出すようにして、スピードのコントロールを忘れないようにしましょう。

6

7

8

POINT

プルークターン1、2との違いは、重心移動を大きくとるというところです。1では、身体を移動させずに外脚を押し出すことでスキーをコントロールしていましたが、ここでは、広めのスタンスから先に重心を移動させて外スキーをコントロールしています。凹凸のある斜面などには対応できませんが、フラットな緩斜面が長く続くような状況では、有効な滑り方といえます。また、体軸を長く取れるので、大きな負荷にも対応しやすい滑りといえます。

内股関節と内脚を曲げる動きで外スキーをターン外側へと押し出していく。

プルークターン4

角付けを意識したプルークターン

プルークターン3では、平面的なスキーのずれを使うためにテールを押し出していましたが、ここではスキーの角付けをコントロールすることで、ターンを組み立てます。重心を回転内側に寄せながら、外スキーをさらに回転外側に押し出すことで、スキーの角を立てていきます。このとき、内股関節を曲げ、内足を曲げる動きを使わないと、外スキーを押し出すことはできません。かならずスピードの助けを借りることを忘れないようにしましょう。

プルークターン2では、身体をあまり動かさずに、スキーを動かしてスタンスを変化させていましたが、プルークターン4では、身体を先に移動させてターンポジションを作り、外脚を押し出すように力を使います。体軸の傾きを使う場合、常に回転中にかかってくる外力に合わせてバランスをとることが大切です。プルークターン3と共通で、斜面の状況が悪いときには適応しない滑りです。

POINT

体軸の傾きを引き出すには、内スキーをフラット気味に使うことがポイントです。タイプAのようにバランス重視の滑りの場合は、膝のほうが股関節よりも回転の内側に入るイメージですが、ここでは膝はスキーの面の真上に位置し、膝よりも股関節が回転の内側に入ってくるイメージを持つことが大切です。内足の甲を返すか返さないかによって、上体のバランスが大きく変わってくるのです。

1 5 6 7 8

CHECK CHECK

シュテムや踏みかえ系の滑りを繰り返し練習しても、切りかえでの踏みかえ動作が抜けず、なかなかパラレルターンにはなりません。なぜなら内足の甲を返す動きが内スキーを引き寄せる動きにつながってしまうからです。両スキーを同調させて滑るパラレルターンでは、内スキーのトップが使えるポジショニングと内足を必要以上に返さない内脚の使い方が非常に重要になります。

中級レベルのスキーヤーの多くは、スキーのテール側を使う動きから抜けだせず、ターンに入るときに内スキーを寄せる動きが見られます。パラレルターンでは、外スキーのテール側と内スキーのトップ側を一緒に使うことで、スムーズなターンを仕上げているのです。

1
2
3
4
5
6

重心移動主体のパラレルターン

体幹部の動きを重視して滑る

プルークターン4を発展させたパラレルターンです。スタンスはあまり変えずに、身体の位置を移動させることで、外スキーのエッジの角度をコントロールしてターンに入ります。重心移動を大きく使うため、凹凸のある斜面には適応しません。ただし、脚部の細かいひねり動作などが比較的少なく済むので、ロングコースをクルージングする場合には有効な滑りといえます。ターンの入り口で内側の股関節をやや曲げながら引くようにすることで、身体の傾きや向きを次のターンに合わせやすくなります。

POINT!

ターンコントロールは、スキーに対する身体の位置の調整で行っていきます。内股関節と内脚の曲げ具合でエッジ角度をコントロールし、腰の動きでスキーのずれ幅をコントロールします。斜度がきつい場面など、ターンの前半部分で非常にスピードが乗りやすい滑り方です。スピードをしっかりコントロールするためにも、かならず外スキーのテールをターン外側に押し出す余裕を残しておきましょう。

8

7

Part 6-4

身体にやさしいパラレルターン

足首の曲げを意識して滑る

フラットな緩斜面限定という、条件をかなり選ぶ滑り方です。股関節を曲げる動きを使ったパラレルターンでは、どうしてもポジションが中腰になり、脚部に負担がかかります。ターンに入るとき、内脚の足首を少し引くようにして深く曲げ、身体をターン内側に寄せていきます。平地を歩く要領で、外脚を少し前に出してターンに入っていきます。ハイスピードや凹凸には全く対応しません。またエッジングの質もかなり悪くなります。しかし斜度の緩い安定した条件のコースで、ゆっくり長い距離を滑るのには非常に良い滑り方といえます。

1

足首を引くようにして深く曲げ、ターンに入っていく。

2

3

4

5

POINT

ポイントは足首を曲げ、つま先側を雪面に埋めて立つときのポジションです（P29 参照）。股関節の動きが使いにくくなり、足首と膝の曲げ動作で身体の位置を左右に移動させます。上体を起こし、一歩ずつ階段を下りていくイメージを持つと良いでしょう。滑りの特徴を把握して、股関節を使う滑りと使い分けることで、疲れの少ない滑りが可能になります。

6

7

8

Column 06

身体にやさしい滑り方

重心移動を主体とした身体にやさしい滑り方

長い距離をクルージング

最近の傾向として、少ない力で効率的に滑りたいという志向があります。これは年齢的な要素や、個人的なスキースポーツの楽しみ方も影響しています。ここで紹介している身体にやさしい滑り方とは、脚部を曲げたりひねったりという操作を少なくした滑り方のことです。スキーに対する身体の位置を動かすことで、エッジの角度を調整する、重心移動を主体とした滑り方です。

一般的に、滑走中に身体の位置を移動させるのはむずかしい技術といわれています。そのため、凹凸の激しい斜面や硬い斜面では、バランスがとれなくなるケースも多く見られます。ただ、最近の日本のゲレンデはきれいに整備されたバーンが多く、重心移動を主体とした滑り方でも十分対応可能といえます。この滑り方は、ポジションの取り方によっては、筋力をあまり使わない滑りが可能なため、長い距離をクルージングするのに適していますが、前述したように、バランスの保持がむずかしく、すべての斜面や状況に対応できるわけではありません。そのことを理解して、状況に合わせて技術を使い分けることが大切です。

またこの滑りは、技術レベルが高くなれば、ゆっくりクルージングするだけでなく、脚部に負荷がかかるカービング系のターンにも対応できます。さらにバランス感覚を磨いていけば、深雪や悪雪での滑りにも応用することができる身体の使い方です。使い方と使いどころを間違わなければ、様々なシーンで活用できる非常に可能性のある滑り方です。

ふたつのポジションの使い分け

本書のパート3では、ふたつのポジションを紹介しています。ひとつは、かかと側を雪に埋めた姿勢、もう一つは、つま先側を雪に埋めた姿勢です。すべてのスキーヤーは、レベルの差こそあるものの、ほとんどこのふたつのタイプに分けることができます。

ここで説明している身体にやさしい滑り方のポジションは、つま先側を雪に埋めた姿勢です。この状態でブーツのベロをすねで押すように体重をかけると、太ももへの負担が減り、楽に滑ることができるのです。

しかし、股関節部分の動きが少なくなるために、バランスのキープがむずかしくなり、細かいスキー操作には対応できません。ある程度、ルーズなエッジングでの滑りに対応したポジションといえるでしょう。

どんなスキーヤーも、一日中しっかりと構えたまま、中腰で滑ることはできません。そのときの状況に合わせて、身体にやさしい滑りと、細かなスキー操作に対応した滑りを、使い分けることが大切なのです。

身体にやさしい
滑り方のポジション

細かなスキー操作に
対応したポジション

Part 7
スピードをコントロールしよう

DVD

POINT

スピードコントロールは、スキーの横ずれと、ターン弧の深さを調整することで行ないます。初歩の段階では、スキーのテールを大きく振って調整しますが、脚部のひねり操作が使えるようになったら、スキーのセンター付近を中心にずれ幅をコントロールする方法も使います。さらに、急斜面などでは横のスペースを使ってターン弧を深くし、スピードコントロールする方法も身につける必要があります。いずれも、ポイントは踵の使い方にあります。エッジングの際に踵を押し出す方向を変えることで、基本となる3つのパターンを使い分けていくのです。

Part 7-1

スピードコントロールの方法1

スキーのテールを大きく振って

2
3
4
5
6

もっとも簡単な方法です

上下動を大きめに使い、伸び上がったときにスキーのテールを左右に振って、スキーの横ずれを使ってスピードを抑えます。切りかえで身体を斜め前方に移動させる意識を持つと、テールが軽くなり、スキーが振りやすくなります。しっかりとスピードを抑えたいときは、テールを大きく振り、スキーの向きが確実に変わってから荷重すると良いでしょう。

慣れてきたら、荷重のタイミングを少しずつ早め、ずれながらターン弧を描くことで、スピードをコントロールしていきます。

1

POINT!

切りかえ部分での上下動と、つま先側への伸び上がりがポイントです。ターン中は肩や腰をあまり傾けない方が良いでしょう。雪が悪くテールの振り出すきっかけがつかめないときは、上半身の補助動作を使います。切りかえで、ターン外側の腕を回転方向に大きく振り込むイメージです。

7

Part 7-2

スピードコントロールの方法2
脚部のひねりを使って

幅の狭いコースにも対応します

左右のスキーの前後差を少し大きめにとり、肩・腰のラインを水平にして外腰をやや後ろに引くことで、横滑りの態勢を作ります。そして、この姿勢を左右に入れかえることで、ずれ幅をコントロールします。スキーはブーツを中心にトップとテールを動かすため、テールを振るコントロールよりも技術的にやや高度な方法になります。横滑りの感覚をつかむために、斜滑降と横滑りを交互に行ない、逆ひねりの姿勢に慣れることが大切です。ずれをうまく使うためには、かかとよりに乗る意識が必要です。イスに座った状態で、つま先を左右に振る動きをイメージしてください。

1

2

3

POINT

✕ **足首を深く曲げる**

つま先よりに乗る
外脚を曲げる
外腰を上げる

○ **かかとよりに乗る**

外側の腰を後ろに引く
上半身と下半身の逆ひねりをつくる

脚部のひねりを
使うことで、ずれ
幅のコントロール
が自在になる

ブーツ付近を中心とした脚部のひねり操作は、ターン中にずれ幅を調整することができます。この操作はエッジングの質そのものをコントロールすることになるので、狭いコースだけでなく、様々な場面で活用することができます。

4

5

6

スピードコントロールの方法3

ターン弧の深さを調整して

さらに洗練されたコントロールへ

　ターン弧の深さでスピードコントロールする方法は、ある程度高い技術が必要になります。スキーの横ずれが多すぎると、失速してターンが連続できなくなります。極端な横ずれを使わずにターン弧を深くしていくためには、前後の動きがポイントとなります。ターンの入り口ではつま先よりに、ターンを抜け出る部分ではかかとよりという具合に、乗る位置を意図的に変化させることが必要なのです。

　ターンに入ったら、早めにかかとよりに乗り、スキーのテール側を雪面に押しつけるイメージで、ターン弧を深くしていきます。

4 5 6 7

横のスペースを大きく使い、深いターン弧を描いてスピードをコントロールする。

POINT!

斜面に合わせてスピードコントロールの方法を変えていくことが大切です。緩斜面や幅の狭いコースでは、スキーのずれを使うケースが多くなりますが、斜度がきつい場合やターンスペースに余裕がある場合などは、ターン弧の深さでスピードコントロールすると良いでしょう。

Part 7-4

Basic training

土台を作る2

エッジングを強化する

エッジングの強化を目標としたトレーニングを紹介します。しっかりとした足場を作ることができれば、確実にスピードをコントロールしながら、より正確なターン弧を描くことが可能になります。土台を固める足場作りが上達の速度を早めてくれます。

1

2

3

4

5

急停止

上半身と下半身の逆ひねりを正確に作り、できるだけ短い距離で止まるようにします。前後のバランスをキープして、しっかりかかと側に乗って逆ひねりを意識します。胸の向きがスキーのトップ方向を向かないように注意して、左右繰り返し行ないます。

1

2

3

4

5

6

3段エッジング

ターン中にいつでもエッジングのポジションを作れるように練習します。身体の下から回転外側にスキーを押し出すようにして、強くエッジングできるポジションを作ります。このとき、脚を曲げてしまうと力が逃げてしまいます。少し突っ張るようにして力を伝えると、短く強いエッジングが可能となります。

スケーティングステップ

踏みかえながら、スキーの進む方向を変えていきます。回転外側のスキーの雪面の捉えがポイントです。あまり斜度がきついとむずかしいので、緩斜面でトライしてみてください。ここでも、スキーを蹴る力が逃げてしまわないように、しっかりと雪面に力を伝えることが大切です。

どれも単純な練習ですが、跳ねる動き、蹴る動きを繰り返すことで、より確かな滑りの土台を築くことができます。

1

2

3

4

5

6

Column 07

暴走を止めるには！

まわりをよく見て滑ろう

スピードのコントロールは、スキーでは絶対に忘れてはいけないことのひとつです。ゲレンデでは、後ろから追突したり、上部から滑り降りてきて他の人に衝突した人の責任が重くなります。こうした、自分が滑っていく前方にある危険を回避することが、ゲレンデを滑るスキーヤーの義務なのです。そのためには、確実なスピードコントロールが欠かせません。

スピードは、ターン前半部分でコントロールするのがセオリーですが、実践の中では、低速ではターン後半部分、高速ではターン前半部分といったように、スピードによってコントロールする場所が変わってきます。

また、ハイスピードでは、スキーの横ずれを主体にしたコントロールを使い、悪雪、新雪など、雪面からの抵抗が大きい場合は、ターン弧の深さでスピードをコントロールすることが必要となります。

普段の生活に比べ、雪の上の滑走スピードは想像以上に速いものです。そのため、前方にしっかり注意を払い、できればコース全体を見渡しながら滑ることが大切です。コースの上部からスタートする場合には、人の流れをつかむことも必要です。また絶対に止まってはいけない場所、止まると危険な場所もあるので注意してください。レベルが低いときほど、周りを見回す余裕がないので、スピードにはくれぐれも気をつけて滑るようにしてください。

いちばんのポイントは、つねに余力を残しながら、いざとなったら危険を回避できる状況を作っておくことです。そのためには常に7割から8割程度のスピードに抑えて滑ることをおすすめします。

上手いスキーヤーほどずれを使う

上手いスキーヤーほどスキーのずれを巧みに使います。スピードを競うアルペン競技だけでなく、フリースタイル系の競技でも、レベルが高い人ほど横ずれを効果的に、そしてたくさん使っています。ほとんどの場合、滑らかなターンの中にずれを織り交ぜるため、初心者レベルでは目を凝らしていても気づきません。

彼らは、そうしたほんのわずかなずれを使ってスピードをコントロールし、旗門をくぐり、コブを押さえ込み、ハーフパイプのなかでエアを決めてくるのです。レーサーに限っていえば、ずれを使ったコントロールはかならずターン前半で行なわれています。これがなければ、次の旗門を通過することができないのです。

初中級のレベルでもっとも確実なスピードコントロールも、ずれを使ったコントロールです。脚の動きで大きなハの字をつくり、スキーの横向き度合いを変化させてみましょう。ずれによって雪面から抵抗を受け、スピードが落ちてくるのがわかるはずです。

これが、スピードコントロールの第一歩です。

危険回避のために余力を残して滑ることが大切だ

ターン前半でのずれを使ったコントロールがポイント